P O E S I E A L L E E

GEDICHTE FÜR FRIEDHÖFE

42 GEDICHTE VON 13 AUTOR:INNEN MIT 13 COLLAGEN VON 2 KÜNSTLERN

Hrsg. G&GN-INSTITUT 2024

Das G&GN-INSTITUT kuratierte unter Leitung des Trauergäste-Chauffeurs des Düsseldorfer Nordfriedhofs De Toys die Anthologie ***"GEDICHTE FÜR FRIEDHÖFE"*** mit 42 ausgewählten Gedichten von 13 AutorInnen zu den Themen Trauer, Gräber, Friedhof, Sterben, Tod und Vergänglichkeit zur Verwendung als Poesieallee an Friedhofsbäumen. Die Publikation soll interessierten Friedhöfen dienen, Varianten der Umsetzbarkeit dieser Idee für sich auszuloten und aus dem Pool von 42 Gedichten der 13 AutorInnen für speziell ihren konkreten Ort (wie z.B. Baumalleen, Denkmäler, historische Grabstätten) geeignete Texte für das Gelände zu entdecken. Künstlerisch begleitet werden die Gedichte von einem Künstlerduo mit je 1 Collage pro SchriftstellerIn. **Poesiealleen auf Friedhöfen laden dazu ein, beim entschleunigten Flanieren lyrische Gedanken zu lesen, die Balsam für die Seele sind und den eigenen Reflexionsprozess heilsam unterstützen. Gedichte dienen hier als Spiegel menschlicher Gefühlszustände und holen den Grabbesucher in seiner Gemütsverfassung ab, zeigen ihm, dass niemand alleine ist mit seinen Fragen ans Leben.** Als Vorbild für das Open-Air-Lyrik-Konzept diente die Poesieallee in Castrop-Rauxel anlässlich des 60. Jubiläums 2022 als Europastadt, für die der Trauerchauffeur sowie Lafleur Gedichte geliefert hatten. Dort wurde bereits am Einweihungstag die gesamte Lyrik-Hängung mutwillig zerstört und musste nochmal komplett neu produziert werden.

ISBN 978-3-7597-8474-2

Verlag: BoD . Books on Demand GmbH, In de Tarpen 42, 22848 Norderstedt

Druck: Libri Plureos GmbH, Friedensallee 273, 22763 Hamburg

GEDICHTE FÜR FRIEDHÖFE

13 AUTOR:INNEN

Marvin Chlada, geb. 1970, lebt in Duisburg.

Ulrich Jösting, geb. 1962, lebt in Osnabrück.

Stan Lafleur, geb. 1968, lebt in Köln.

melamar, geb. 1976, lebt in Wien (Österreich).

René Oberholzer, geb. 1963, lebt in Wil SG (Schweiz).

Tanja Lulu Play Nerd, geb. 1982, lebt in Honolulu auf Hawaii.

Karin Posth, geb. 1945, lebt in Köln.

Sophie Reyer, geb. 1984, lebt in Baden bei Wien (Österreich).

Clemens Schittko, geb. 1978, lebt in Berlin.

Sigune Schnabel, geb. 1981, lebt in Düsseldorf-Wersten.

Tom de Toys, geb. 1968, lebt in Düsseldorf-Eller Süd.

Silke Vogten, geb. 1966, lebt in Wesel-Flüren am Niederrhein.

Harald Sack Ziegler, geb. 1961, lebt in Köln.

2 COLLAGENKÜNSTLER

Stefan Heuer, geb. 1971, lebt in Burgdorf bei Hannover.

Boris Kerenski, geb. 1971, lebt bei Stuttgart.

BIOGRAFISCHE DETAILS & DOKUMENTATION:

POESIEALLEE.de & Poet2go.de

"Ist es nicht an der Zeit, Freuds Gedanken bis zu ihrer letzten Konsequenz weiterzuführen und zu lernen, ohne Verdrängung zu leben? (...) Die Ewigkeit ist das Jetzt, und in einer von der Verdrängung befreiten Schau der Dinge erweisen sich der physische Organismus und die natürliche Welt als die göttliche Welt. Aber solange das Leben als Kampf gegen den Tod aufgefasst wird, kann dies nicht erkannt werden. (...) Die Aktivitäten des Lebens werden deshalb vom neurotischen Wiederholungszwang bestimmt, von einer Suche nach der Fortsetzung des Lebens, nach mehr und mehr Zeit, in der wir durch irgendein Wunder zu erfassen hoffen, was uns in der Gegenwart immer entgeht."

Alan Watts, in: PSYCHOTHERAPIE UND ÖSTLICHE BEFREIUNGSWEGE (1961)

WIE IM
HIMMEL

Friedhofsgeflüster

© Marvin Chlada

Die Nacht war warm
Und wir liebten uns
Auf dem Grab Ihres
Vaters

Das Grab war noch
Frisch und unbepflanzt
Und die Erde etwas
Feucht

Als wir den Friedhof
Verlassen hatten
Drückte sie mich noch
Einmal an sich

Und flüsterte:

Er weiß warum
Er weiß es

Alles

© Marvin Chlada

Wann mir
Bewusst wurde

Dass alles
Vergänglich ist

Weiß ich
Nicht mehr

Eines aber ist
Gewiss

Ab da ändert
Sich alles

In Ewigkeit

© Marvin Chlada

Viel wurde
Mir erzählt
Vom
Himmel
Vom
Ewigen Leben
Von der
Wiedergeburt
Ich aber will
Nicht in den
Himmel
Ich will nicht
Ewig leben
Und auch nicht
Wiederkehren
Ich will einfach
Verschwinden
Ich will einfach
Nicht mehr sein
Und das auf
Immer und
Ewig

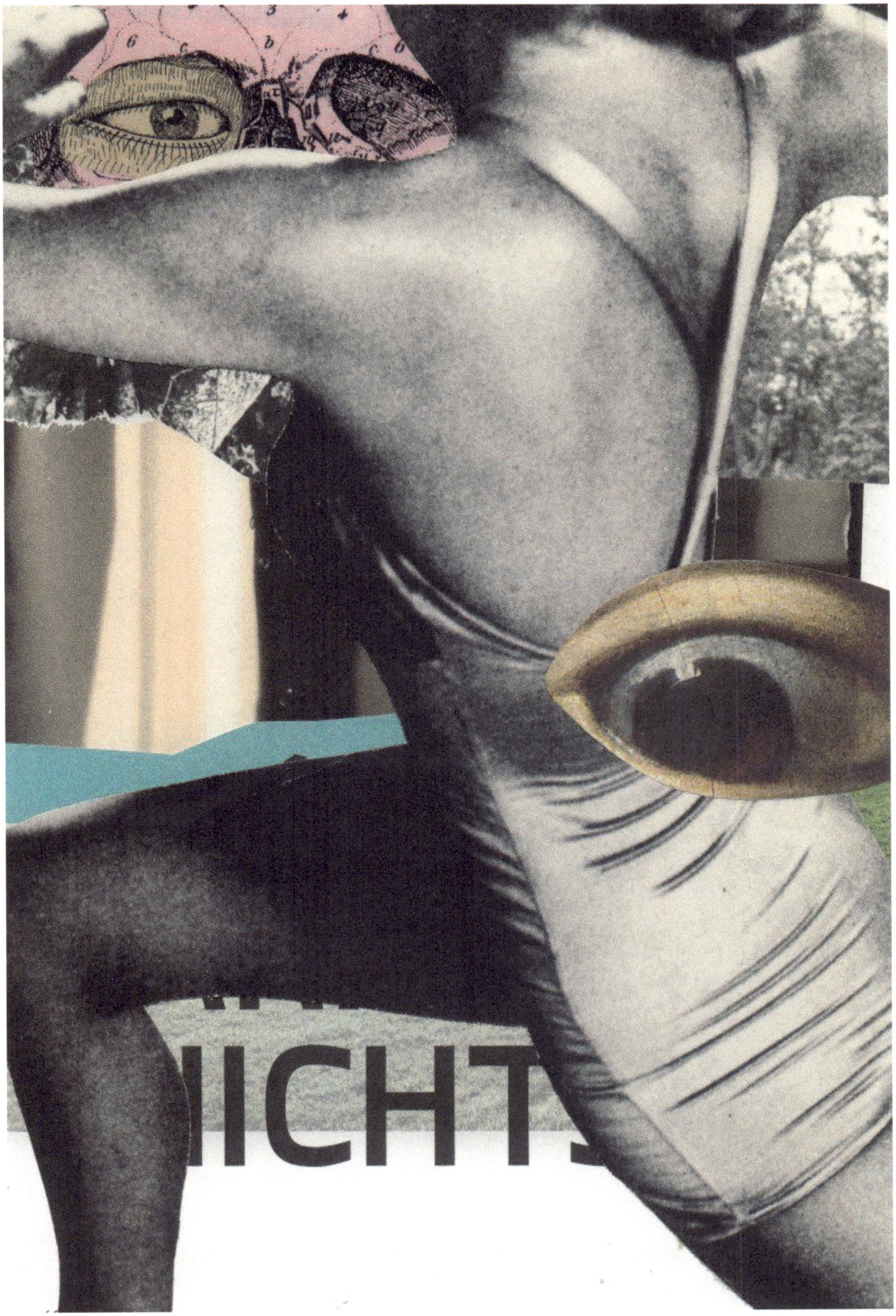
ICHT

[EIN MANGEL...]

© Ulrich Jösting

ein Mangel an Sauerstoff
ist hier heilig
oben außer Reichweite
fallen alle Dinge auseinander

spricht die Welt aus
alles fängt an zu sterben
das Essen von gestern
umarmt die Teller

das ist nur die Hälfte
es ist nie wirklich wichtig
wahre Kinder schmecken
immer noch nach Gift

[AM START...]

© Ulrich Jösting

Am Start wartet
keiner
nichts ist
wirklich wichtig
ist ein Wort
für diesen alten
Traum
oder führt ein Weg
zurück zum
neuen Tag
da da
alles ist am
richtigen Platz
wundervoll
wartet die Suche
am Ziel
gleich
ist es
eine Ewigkeit
in der Flasche

[HELL TRÄGT...]

© Ulrich Jösting

Hell trägt der Rückweg
diesen Tag
langsamer im Arm
ganz still
wartet dort
jede Welt
alles wird passieren
ohne dass es einen Sinn ergibt
auf den Fuß folgt
Vervollkommnung in Zügen
bis zur Auswahl

[HERZ WILL...]

Herz will
immer schlagen
in diesem Moment
vorsichtig schöne
Bilder zeigen
zwei Menschen
am Tag davor
verlassen in der Tür

den

Onkel Heinz

das waren die alten Zeiten
als Papa noch klein war
und überall Blindgänger
in der Landschaft lagen

wir fuhren im Bus dahin
vorbei an Müllhalden
wilden Abfallgruben
da lagen faule Matratzen

Autobleche, Einwegflaschen
hier haben wir Onkel Heinz
damals aus Versehen mit
der Panzerfaust erwischt

der Bus hält, das Gepäck
wird ausgeladen. richtig
sicher ist es wohl nirgendwo
Oma und Opa warten schon

am Dorfplatz mit ihren
holzgeschnitzten Gesichtern
morgen gehn wir am Friedhof
zu Onkel Heinz seim Grab

Blick in den Himmel

© Stan Lafleur

ich möchte wiedergeboren werden und zwar
in Mönchengladbach. in die braune Stille der
Dielen. Kohl zum Schmorbraten. freihändig

schwebt der Himmel über'm Bökelberg. es
ist nix los. nur ein gescheitelter Junge kickt
Blechdosen durch die Gegend. an Sonntagen

regnet's Geld. wir falten es zu Papierfliegern
Tränende Herzen in den Vorgärten. unsere
Nachbarn in Badesachen plus Cowboyhut:

sind neuerdings Buddhisten. alles ist gut
und worüber wir uns seit Wochen kindisch
freuen: wir haben jetzt einen Farbfernseher!

Selbstportrait als die Zierkirsche gegenüber

ich lebe von Natur aus im Schnitt ungefähr
fünf mal so lang wie ich selbst. dazwischen
geschehen Vögel, Tode, Sonnenaufgänge
und all das hat rein gar nichts zu bedeuten
bis auf die Blütenexplosion im unsteten
April, die dir als Schneefall die Augen
verweht. und ich genieße mein Laubkleid
meine winterliche Nacktheit und sinnlos
herumzustehen, das Denken einzustellen
dir nichts zu sagen zu haben und falls
doch richten es eben die Eichhörnchen aus

Ameisen

© Stan Lafleur

der Tod ist ein kindliches Gemüt
steht mit dem linken Fuß auf und
frisst zum Frühstück die Schatten
der Ameisen

der Tod lebt in den Tag hinein
bekommt Ziep von der Arbeit im
Büro und möchte jetzt keinesfalls
gestört werden

der Tod ist Sohn und Vater des
Zeitgeists. sagt man's ihm muss er
laut lachen und flieht ins Museum
für höhere Gewalt

das schlafzimmer des

AM WIENER ZENTRALFRIEDHOF

© melamar

meine kamera und ich
wir
spazieren über den friedhof

links vorne findet ein
begräbnis statt
rechterhand entzünden menschen
neue kerzen auf alten gräbern

ich frage mich, ob es nicht
pietätslos sei
hier herumzuknipsen

doch dann sehe ich
eine verschwitzte läuferin
vorbei joggen

na, dann!
sagt meine kamera
na, dann!
sage ich

Zweiklassengesellschaft

Um überleben zu können
Haben die Zeitungen beschlossen
Die Preise für Todesanzeigen
Drastisch zu erhöhen

Neuzugang

Walter Meier preschte
Aus dem Nichts
Auf Platz 1 vor

Die alten Gräber
Waren zuvor
Ausgehoben worden

<u>Windstill</u>

© René Oberholzer

Zu Hause
Brennt eine Kerze
Seit 10 Uhr

Im Krematorium
Brennt der Sarg
Mit meinem Vater

Um 11 Uhr
Erlischt die Kerze
Wie von selbst

Es ist windstill
Die Sonne scheint
Ein heisser Werktag

Weiss lackiert

© René Oberholzer

Die Eltern freuen sich
Über das neue Auto
Weiss lackiert
Zum Andenken
An ihren Sohn

Gefallen sei er
Im Krieg
So ein Auto
Hätte er sich
Immer gewünscht

Aus der Beihilfe
Für tote Soldaten
Sei das Auto bezahlt
Ziel der ersten Fahrt
Sei der Friedhof

Das Nachspiel

© *René Oberholzer*

Der den Elfmeter gegen Kolumbien pfiff
Baute ein Haus mit hohem Zaun
Der den Elfmeter gegen Kolumbien pfiff
Lebt unter anderem Namen
Der den Elfmeter gegen Kolumbien pfiff
Hat in der Nacht Albträume

Nichts von alledem ist wahr
Erst vor kurzem
Sah ich ein Bild von ihm
Inmitten von Rosenbüschen
Auf dem Zentralfriedhof
Von Buenos Aires

Die Vertröstung

© René Oberholzer

Wir sind hier auf Erden
Um Abschied zu nehmen
In der Hoffnung
Einander wieder zu sehen

Er nahm die Grabinschrift
Wörtlich
Und lebte sein Leben
Lang allein

Mit letzter Kraft

© René Oberholzer

Ein paar Blätter noch
Die sich festklammern
An einem dünnen Ast
Der sich festklammert
An einem dürren Baum
Der sich festklammert
An einem losen Boden
Der sich festklammert
An der Welt

GLAUBE, LIEBE

weltformel

© Tanja Lulu Play Nerd

die toten sind alle mit uns
in der schönheit der natur
dem zarten sonnenstrahl
über der landschaft und
dem endlos weiten
blauen himmel

verspäteter wechsel
(das letzte puzzlestück)

niemand braucht ein gedicht
auf den allerletzten drücker
bloß um die vergänglichkeit
einer zahl zu zelebrieren all die
jahre vergehen unaufhaltsam
ungelesen im eilschritt wie
die sinne und der letzte sinn
nur richtig gute literatur
vereint die seele mit der welt
und ihrer bedeutungslosigkeit
die inschrift unter dem moos
verrät den hinterbliebenen daß
sich der geist dort in die wolken
zerstäubt und dieser körper
in den anfang zerrieselt

<u>das innere ufo</u>
(unsichtbare friedensordnung)

ich möchte ehrlich sein
unendlich ehrlich ja
ich möchte immer zu dir
ehrlich sein als wäre es
die allerletzte gelegenheit
bevor wir sterben
weißt du was ich meine?
weißt du wirklich
WAS ICH MEINE
kennst du mich denn
überhaupt – kennst du
DICH SELBER überhaupt?
wozu spielst du die vielen
rollen maskeraden all die
ablenkungen von der
eigentlichen letzten frage:
WAS DAS LEBEN SOLL!
du stolperst durch die
anerzogenen manöver
um zu überleben aber
ganz am ende war es
alles wirklich alles
absolut umsonst
DANN BIST DU TOT.

DER LETZTE

Tote und Lebende

© Karin Posth

Tote haben das Sterben überstanden.
Bestimmt von der Sicht der Dinge,
lebte jeder ein anderes Leben.
Sind wir besetzt von der Angst?
Im hohen Alter stellt sich diese Frage nicht.
Wer weiß schon, wie sich die Erde gerade dreht.
Vielerorts wird der Wandel
den noch Lebenden Orte nehmen.
Doch was kümmert es heute das sprießende Blatt,
dass es im Herbst wieder fällt.

Totenstille

© Karin Posth

Was aber fangen die Toten an,
wenn nach dem Tod
überall Stille ist. Totenstille.
Dabei weiß man nicht,
ob die Toten Stille erwartet.
Vielleicht ist es laut, weil keiner
die Ewigkeit aushalten kann.

Beobachtungsgebiet

Freigewaschen

© Sophie Reyer

Freigewaschen
vom Ich

kann ich dich heute
bis hinüber zu mir

hören
wie damals

im Garten Kindheit

Man muss sagst du
das Leben

wie das Leben wiegen
Nichts

bringt die Toten
zurück

ALLE 36 SEKUNDEN IN DEUTSCHLAND

© Clemens Schittko

Alle 36 Sekunden in Deutschland
wird bei einem Menschen
durch verringerte Hirnaktivität
die Wahrnehmung eingeschränkt,
wird die Atmung flacher,
wird das Sehvermögen schlechter,
funktioniert das Hörvermögen nur noch partiell,
geht die Sehfähigkeit völlig verloren,
tritt der Herzstillstand ein,
folgt unmittelbar, innerhalb weniger Minuten, der Hirntod –
der Funktionsverlust der Hirnzellen,
beginnt, an den Herzstillstand
und den Hirntod anschließend,
die Zersetzung des Körpers,
sterben die Zellen ab,
beginnend mit den Gehirnzellen, den Neuronen,
gefolgt von den Zellen des Herzgewebes
zehn bis 20 Minuten nach dem Hirntod,
gefolgt vom Tod der Leber- und Lungenzellen,
erst ein bis zwei Stunden später
stellen auch die Zellen der Nieren ihre Funktion ein ...
alle 36 Sekunden in Deutschland.

die Ruhe, die wir den Toten gewähren

© Clemens Schittko

Blätterrauschen
Kinderlärm
Regengeräusche
Donnergrollen
Straßenlärm
Hundegebell
Baulärm
Vogelgezwitscher
Fluglärm
Rasenmähen
Stimmen
Musik

BOSS
VOM
GANZEN

Am Morgen ist der Himmel verwaist

© Sigune Schnabel

Du findest nicht hinein
in den Tod mit den tausend Gesichtern.
Eins ist eine Frau mit Südseekleid,
ein anderes heult wie ein Wolf,
und du weißt kein Wort,
das du entgegensetzen kannst,
wenn er durch die Straßen zieht
und nach dir sucht.

Heute Nacht liegst du
mit ihm Haut an Haut.
Lauf nicht fort,
wenn er sagt, mein Mädchen.

Lautlos geht das Sterben

© Sigune Schnabel

durchs Gras.
Der Tag hängt sein Haar in den Wind
und wirft letzte Stunden auf Sonnenbänke.

Leg mir Lavendelworte auf die Lippen,
vom Sommer gefärbt und weich;
in harscher Einsamkeit
werden sie von uns sprechen.

ENTARTETE

© *Tom de Toys, 9.4.1995, 2.E.S.*

geteiltes glück ist millimeterarbeit
morgens neben dir
erwacht geteiltes
glück ist
millimeterarbeit unverbrauchter
schenkel schmiegen sich im
hinterland der öffentlichen
brennstoffmängel noch nach jahren
schamlos sachlich als
ein zuckerfreies grab mit
neongrüner beleuchtung von allen
seiten aufgerichtet wie
die echte stunde null
mein weltkrieg endet
bei dir

(D)UR(CH)DÄNKER

© Tom de Toys, 27.1.1997, 12.E.S.

hart auf hart
zueinander fasten
ewigkeit zerteilen
in dich und
in mich und
niemand anders
kommt um
uns zu heilen
hier beginnt
die schrecksekunde wächst
und weitet körper
körperlich ertasten jedes
mal das erste
grabmal
leuchten

ÜBERHEUTE

wenn tote wirklich tot sind
und die lebenden noch leben
du in meiner gegenwart
ich liebe deinen kopf
in meinen händen
jedes jahr ein weiteres
in der erinnerung
was ist geschehen
seit wir wissen
daß wir da sind
liebe nichts als liebe
gib mir was ich
nehmen kann ich
alles in der jugend
lauert schon das nächste

ÜBER(GE)WIN(N/D)

© Tom de Toys, 9.11.2005

während die sonne
wie immer scheint
sitze ich
mit einem sojamilchkaffee
einfach nur so
in einem café
ja mich hat
ein heimlicher wind
durch die hauptstadt
getrieben gestrandet
im endlosen versuch
möglichst viele zeitlöcher
zu sammeln damit
ich am ende
komplett durchlöchert
sterben kann wie
ein nie da gewesener

LETZTE FRAGE
(AN DEN KRONZEUGEN)

Selbst Wenn Uns
Das Sterben Nur
In Andere Bereiche Bringt
Die Leere Wirklich
In Den Zellen wohnt
Das Universum Unendlicher
Ist Als Jede Frage Und
Die Liebe Im Bewußtsein
Existiert Bleibt Dieses
Rätsel Umso Rätselhafter
Daß Das Ganze Überhaupt
Als Solches Da Sein Kann
Die Welt Nicht Anders
Oder Garnicht Ist

TODGEWEIHTE

© Tom de Toys, 18.12.2013, 99.E.S.

hunderte male miteinander
geschlafen die körper bewegt
und die seelen beglückt
eines nachts bleibt dann
der eine alleine zurück
seine hand fasst ins leere
das leben kann
auf unsere liebe verzichten
die ganze geschichte
geht ohne uns weiter
wir ruhen in frieden
der fernseher läuft nebenan

ETIKETTENFREIE ZONE

© Tom de Toys, 13.+14.12.2014

alle versinken wir eines tages
im schweigen der ganzen materie
und niemand berichtet darüber
die innerste mitte ist leer
und kein name steht nirgendwo
auf den bausteinen des alls
das sich seit ewigkeiten
nur selber befruchtet

GEISTLOSE GRABREDE

© Tom de Toys, 7.12.2018

nicht die welt vergißt uns
sondern wir die welt
der tod ist dunkler als die nacht
und schwärzer als das all
das nichts ist nichts dagegen!
unser tod ist stärker
als der wunsch zu leben
unser sterben schwächer
als der tiefste schlaf
wir kommen aus dem wunder
und wir gehen in das wunder
in uns schreit die letzte frage:
WARUM GIBT ES
DAS GANZE ÜBERHAUPT?
aber das universum macht
einfach weiter es kennt
diese frage nicht

KAPELLENFEELING
(ZU "VORGERÜCKTER" STUNDE)

© Tom de Toys, 5.6.2019

wir sitzen jetzt auch selber schon
in der ersten reihe beim abschied
von etwas älteren und vermissen
bald die vertraute berührung der
lippen die sich heute noch beim
küssen ganz zuhause fühlen dann
wird über unsrem grabstein nebel
leuchten und die sonne schweigt

FINALISTEN

© Tom de Toys, 6.3.2022, 113.E.S.

morgens früh
beginnt irgendwann
für die letzten liebenden
kein neuer tag obwohl
alles nach frühling duftet
und die gesamte welt
ihre knospen öffnet
mitten im kuss stirbt
das geschöpf und
hinterlässt alles
außer sich selbst
und den kuss

Was bleibt

© Silke Vogten

Ein Bild an der Wand
Ein Gefäß mit Asche weit hinten im Garten
Eine Stimme auf einer Mailbox
Eine Jacke und ein Pullover
die noch ihren Geruch tragen
schwächer werdend

Es bleibt
unfassbar

Wie ist das?

© Silke Vogten

Wie ist das?
zu verwässern
sich aufzulösen
zu verflüchtigen
in der Zeit zu schwimmen
anwesend immer mehr
zu verschwinden

nach Fixpunkten
zu suchen
nach Halt
in Räumen und Gesichtern
die sich vermengen
und verblassen
ohne die Möglichkeit
eines Wiedererkennens

Eine Schlafwandelnde
im eigenen Leben
Eine Abdriftende
in einen fernen Kosmos

Keine Ahnung

UST,
D

Alle Menschen

© Harald Sack Ziegler

Alle Menschen werden älter.
Alle Menschen werden gleichzeitig alt.
Jeden Tag, jede Stunde, pro Minute, pro Sekunde
werden alle Menschen gleichzeitig alt.
Ab jetzt oder jetzt oder jetzt oder jetzt oder jetzt
werden alle Menschen gleichzeitig alt.
Das stimmt so, wenn man mal d'rüber nachdenkt
Werden alle hier gleichzeitig alt.
Immer älter, älter, älter, älter, älter, älter, tot
geboren werden , älter, älter, älter, älter, tot
geboren werden , älter, älter, älter, älter, tot
geboren werden , älter, älter, älter, älter, tot
Alle Menschen werden älter.
Alle Menschen werden gleichzeitig alt.
Jeden Tag, jede Stunde, pro Minute, pro Sekunde
werden alle Menschen gleichzeitig alt.
Egal ob sie jetzt 7, 12, 24, 32, 48, 70 oder 80 sind
oder ob sie gerade auf die Welt kommen,
alle werden gleichzeitig alt.
Alle Menschen werden älter.
Alle Menschen werden gleichzeitig alt.
Jeden Tag, jede Stunde, pro Minute, pro Sekunde
werden alle Menschen gleichzeitig alt.
Ab jetzt!

AUSGEWÄHLTE PRESSESTIMMEN

"Ein gutes Gedicht ist der Punksong unter den Literaturgattungen: So gesehen hat Chlada tolle Songs veröffentlicht"
(POLYTOX über Marvin Chlada)

"Jöstings Texte wirken wie in Stein gemeißelte Tabubrecher"
(NAHBELLPREIS über Ulrich Jösting)

"Er verspricht uns in seinen Gedichten nicht das Blaue vom Himmel, aber er zeigt uns, dass Poesie immer auch ein Stück vom Himmel ist"
(DIE OSTSCHWEIZ über René Oberholzer)

"Renaissance der engagierten Emotionalität gegen die neue Generation Overchill"
(NAHBELLPREIS über Tanja Lulu Play Nerd)

"in einer Balance von lyrischer Intensität und Nüchternheit"
(STIFTUNG KREATIVES ALTER über Karin Posth)

"eine Dichterin mit dünner Haut, die schreiben will, muss und auch kann"
(FALTER über Sophie Reyer)

"ihr Stil ist einzigartig"
(ZUGETEXTET über Sigune Schnabel)

"der interessanteste noch lebende Lyriker Deutschlands"
(TAGESSPIEGEL über Clemens Schittko)

"Das Düsseldorfer Dichtermonster – meist steigert er sich in einen rauschhaften Zustand: Der Bewußtseinspionier möchte mit seiner Kunst jede Art von Religion überwinden"
(F.A.Z. über Tom de Toys)

"als Überraschung im Sinne von Paukenschlag dagegen zeigen sich die Wortsturzbäche – eine tolle Entdeckung"
(WZ über Tom de Toys)

"Miniaturen, präzise, lakonisch, selbstironisch. Wie ein Puzzle dieser Welt"
(TEXTFLEX über Silke Vogten)

"Als Komponist, Musiker und Performance-Künstler wurde er bekannt, mittlerweile ist er auch als Zeichner und Autor unterwegs"
(DIE ZEIT über Harald Sack Ziegler)

"wenn sie Dinge auf der Straße finden und in beeindruckenden Collagen verarbeiten, ergeben sich Unikate"
(STADTKIND HANNOVER über Stefan Heuer & Boris Kerenski)

POESIEALLEE • DE

2017 organisierte das G&GN-INSTITUT das **3. OFFLYRIKFESTIVAL** im Düsseldorfer Haus der Universität. Daraus entwickelte sich im Corona-Lockdown 2020 das multimediale **Poesiepandemie**-Konzept, das sich aber erst auf Einladung der Werstener Zweigstelle der Stadtbücherei für 2023 unter dem erweiterten Motto ***LIVE & CLOSE*** dank der Förderung als analog umsetzbar erwies. Es basiert auf dem Autorenpool des **Festivalforums im Poesiesalon.de**

9 783756 838523

__13 EUR__ (D), 48 Seiten, BoD Verlag 2022 © LYRIKFESTIVAL.de

POESIEALLEE
GEDICHTE FÜR FRIEDHÖFE

Außergewöhnliches Open-Air-Konzept mit lebenden Dichtern!

Einzigartige Sammlung tief berührender moderner Poesie!

Leicht zu realisierende Idee für Friedhofsbäume und andere Orte!

Marvin Chlada Ulrich Jösting Stan Lafleur melamar René Oberholzer Tanja Lulu Play Nerd Karin Posth Sophie Reyer Clemens Schittko Sigune Schnabel Tom de Toys Silke Vogten Harald Sack Ziegler / Stefan Heuer Boris Kerenski

Das G&GN-INSTITUT kuratierte und organisierte in Düsseldorf 2017 das ***3.Offlyrikfestival "Lyrik lebt!"*** (Lyrikfestival.de) und 2023 die Lesung ***"Poesiepandemie – Lyrik lebt weiter!"*** (Lyriklebt.de). Aus dem Autorenpool des damit verknüpften Forums (Poesiesalon.de) wurden 2024 die Beteiligten des Projekts ***"POESIEALLEE"*** ausgewählt. Hintergrundinfos & Dokumentation: Poesieallee.de & Poet2go.de